護法弘化

1983-2013　靈鷲山教育院/彙編

靈鷲山30週年山誌
Ling Jiou Mountain 30th Anniversary Edition

序

　　全球化的巨輪不斷地向前滾動，古往今來的歲月流轉輝映出不同的時代面貌。初上靈鷲山至今，已經是三十年的光陰了。

　　回首三十年來的歲月，靈鷲山能夠從無到有，自微而壯，以禪立宗，以心傳心，弘揚佛陀無上微妙法義於當代娑婆，賡續祖師珠璣法教宗風於四眾學子，並承繼太虛大師和虛雲法師的禪行志業。都要感謝諸佛菩薩的慈悲加被，以及所有善信大德的護持擁戴。在大家的共同發心努力下，方能譜下一段段用汗水辛勤播種、用正念面對橫逆、用願力成就一切的靈鷲山故事。

　　早年我因為閉關往返於宜蘭臺北之間，看到東北角的地理氣場，我感到這裡似乎有一大緣起的道場，後來因緣際會踏上這一片土地，讓我可以度過危險的斷食關，雖然眼前是一片荒蕪叢林，但靈氣十足，度眾的緣起也打開了。秉持著修行人對諸佛菩薩的使命傳承，以及對眾生關懷護念而來的無盡願力，讓我和十方善信弟子，毅然在此開墾生根。大家從零開始，齊心協力，披荊斬棘，一步步地把這一片杳無人跡的荒山，打造成佛子往來不絕的人間佛土。從祖師殿到華藏海，一石一瓦寫下靈鷲人共同的記憶；從多羅觀音到毗盧觀音的交流，串聯靈鷲山與南海觀音道場的一脈相承；而從靈鷲山總本山禪堂到全球禪修中心的延伸，更是勾勒華嚴聖山計畫的藍圖座標。

　　我是一個觀音法門的行者，這三十年來的修行弘法，願力就是關鍵，這份願力源自於禪的體悟，也得以舒展因緣而呈現出華嚴的志業，總攝是觀音的教化啟示，觀音的示現都是時代所需的啟動。禪修，讓我透澈無常生滅背後的生命實相，並體悟到生命之間彼此是一個相互關聯的共同體。成立道場以來，我們以「慈悲與禪」作為宗風，引導大眾從心的修持觀照中轉化出關懷濟世的菩提願心，並以此利生度化，終而成就共生圓融，多元和諧的華嚴淨土，這是行願貫徹的自然展現。

從一個人的體悟逐漸善緣具足，籌組護法會、成立各基金會，推動禪修、法會、朝聖、生命關懷來連結大眾的生活實踐。隨著開山的緣起流轉，創辦世界宗教博物館是一個重要里程碑，宗博宣揚「尊重、包容、博愛」理念，因應時代的挑戰與衝擊，促進國際間宗教對話與交流合作，共築「愛與和平，地球一家」的願景，這樣的特殊志業帶動了社會的生命教育，也把禪修內修的身心鍛鍊變成人人可以當下修行的「平安禪」，更進而擴大為「寧靜運動」，為五濁世間灌入禪修清靜祥和能量。這些循環連結點點滴滴的美好記憶，今後也將持續不懈地進行下去。

　　宗教修持以身教為主，教育是僧信循環的根本，僧信就是師徒教育，就是做聖凡的轉換機制，我將自己的修學歷程和禪修體證融會到佛陀的教育，歸納為僧信四期教育體系，希望從最初僧格養成的「阿含期」到最終培養住持導師的「華嚴期」，次第教導，培育更多佛門龍象從事弘法度眾的志業，從僧眾到居士幹部都歸同一核心修持。落實個人實踐「工作即修行，生活即福田」的生活禪理念，體認「生命服務生命、生命奉獻生命」的真諦，貫串到僧信循環，這樣具足生命關懷與回歸靈性的教育，就是生命和平大學的基本盤，進而還要以這樣的教育平臺來回應時代發展，培養覺醒生命的「愛與和平」種子，從心的和平延伸成整個世界的和平。

　　經過三十年的風雨陰晴，我們要更省視並確定自己的腳步，以此「立禪風、傳心燈」，把這份心的見證作為傳承法脈的基因，持續努力灌溉慈悲的遍滿，變成生命和平大學。讓我們持續串聯無數的三十年，來創造「華嚴聖山」無盡圓融。這是我的願力，也是這個時代的需要。

靈鷲山佛教教團

開山和尚　心道

目錄

1983-2013
靈鷲山30週年山誌
護法弘化篇

壹、緒論：遍撒無盡的成佛種子

「國者人之積，人者心之器」，社會不僅僅是人們活動的背景，也是反映人心善惡的場域。因此，當我們感嘆社會失序、價值混亂，也許應該探究的是人心的良窳。心道法師認為：「社會的倫理價值逐漸瓦解，根本原因正是人心生病了，因為我們的貪求物慾、迷失本心，以及彼此的瞋恨對立，才讓社會失去了倫理價值。」在面對社會倫理道德的崩落以及人心的墮落，心道法師認為唯有找到安心之道，用信仰的力量，守護最初的本心，回到心的原點，展現慈悲，才能找回社會的倫理道德，安定社會。因此，心道法師發菩提大願，深入世間，遍撒菩提種子，創立靈鷲山護法會，藉以在社會中「遍撒正覺的種子」，倡導「心和平，世界就和平」，推動寧靜運動、華嚴聖山建設，讓大眾重新獲得心靈的寧靜，建立「愛與和平」的世界。

靈鷲山護法會乃心道法師因應社會變化之因緣而成立，是心道法師推動弘法利生事業的心靈種子，伴隨靈鷲山走過段段歷程，在靈鷲山歷史上佔有重要之席。本篇以護法會成立過程為始，配合時間與時代背景，描述護法會的發展、組織、精神，以及護法會如何透過回應社會所遇挑戰、問題，發揚心道法師修行、弘化精神，關懷社會，落實佛法，成為靈鷲山重要的在家居士組織。

　　靈鷲山護法善信的出現，始於心道法師早期閉關苦修時；之後，為實現心道法師「愛與和平」的宏願，於弘法志業上精進無憂，因此成立護法會，以「傳承諸佛法、利益一切眾」為使命，在社會上「遍撒無盡的成佛種子」，啟發大眾「生命服務生命、生命奉獻生命、生命覺悟生命」的菩提心，發願生生世世行菩薩道，自利利他，遍植正念、正覺的種子，引導社會善力量的覺醒，提升靈性的能量，以推廣禪修、法會、朝聖、生命關懷等弘法實踐，作為護法會主要任務。

　　心道法師眼見當時社會物質文明過度發展，導致心靈空虛，以眾生之間，如《華嚴經》所形容的珠玉之網般，彼此重重互攝、交相輝映，為相互依存的生命共同體，提出「尊重、包容、博愛」的理念，發願籌建世界宗教博物館（簡稱宗博館、宗博），推展生命、靈性教育以及「愛與和平」的工作，祈願人心和諧、地球平安。諸多弟子受到感召，發願追隨心道法師此一宏願，開啟百元（緣）福氣的會員勸募工作與一系列相關弘化事業，當中多有教化、感動人心與因佛法而改變自身的故事，逐步發展出靈鷲山護法會「啟發眾生一念善心」之特色。

　　何謂「一念善心」？心道法師說：「靈鷲山的志業，就是在做推動善心的工作，人人在世，萬般念頭，千變萬化，念念起於一念，念念相生，念念都是歡喜，佛法八萬四千法門，無非是生歡喜心，做歡喜人，結歡喜緣，學佛要懂得，還要做得，這就是『菩薩』。」

然而，任何組織若要成功推動，必須要有其核心，
護法會的核心就是委員。靈鷲山護法會成立以來，不論大
小活動，皆可看見每位委員忙碌奉獻的身影，秉持心道法
師慈悲度眾的悲心願力以及靈鷲山「慈悲與禪」的宗風理
念，以百福心要、普賢十大願為組織理念及精神，精進不

懈地行於菩薩道上，上弘佛道，下化眾生，行解並重，福慧雙修，譜出精彩故事。相信，往後的日子，靈鷲山護法會將仍以服務、奉獻精神繼續傳承正覺正見的佛法，行於菩薩道上，展望未來。

貳、應緣萌芽：早期護法

　　心道法師自修行以來，受眾生護持；於骨塔及寂光寺時期即有護法善信護持；開山後，發願行弘法利生志業，更有諸多信眾雲集而來。一九九○年，因護持心道法師與靈鷲山無生道場的信眾日益增多，心道法師認為需要加以組織，發揮眾人的力量，為社會注入一股清淨、安定的力量，弘揚佛法志業；於是成立靈鷲山護法會，以度眾的悲心願力為志，弘傳佛法，改善社會人心，使人人皆能行菩薩道，自利利他。

　　靈鷲山開山至今已迄三十年，護法會成立亦已歷二十三年，回顧歷史，見善信於早期即步步跟隨心道法師，見證心道法師的修證體悟與靈鷲山志業的推廣，可謂靈鷲山的活故事書與一寶。

一、骨塔時期

　　一九七五年，年輕的心道法師依著星雲大師之命來到宜蘭繼續苦修。一開始，心道法師在宜蘭市區內的雷音寺禪坐，但因該寺位於市中心，熱鬧、吵雜，影響禪坐的清淨，遂轉至郊區的圓明寺。圓明寺建於日治時期，慈航法師與星雲大師於來臺之初皆曾駐錫於此，星雲大師更於此撰寫了《釋迦牟尼佛傳》、《玉琳國師》等著作。

　　圓明寺年久失修，殘敗破落，隔年秋（一九七六年），因圓明寺重修，心道法師遂遷至鄰近莿仔崙公墓的骨塔中進行塚間修。後來隨心道法師出家的道明法師回憶起當初的情景時，提到她與一群來自蘇澳的信眾來到骨塔中，探望心道法師，見到心道法師三餐不繼的拮据生活，次日，道明法師就帶了一袋的米與菜，再去探望心道法師，從此，道明法師每隔一段時間即會攜帶米、菜等日常用品到骨塔探望心道法師。可知，心道法師塚間修時的困苦情景。這時，有阿秀姑、阿英姑與阿緞姑（未出家前的道明法師）三位信眾，常結伴至骨塔探望心道法師。當時，心道法師為了要他們讀誦《金剛經》，還與他們約定學習臺語，以教導他們學習佛法。

　　這時，心道法師收了第一位在家弟子——許聰池。許聰池當時還是個年僅十多歲的孩子，時常至骨塔附近放牛，因而與心道法師熟識，從而拜心道法師為師。同時，心道法師也因為借住圓明寺與骨塔，結識了圓明寺原所有者的家屬吳政勳、吳李峰父子，他們幫心道法師在骨塔拉了電線，讓心道法師在修行中，仍能閱讀經藏，印證所悟。

　　宜蘭的交通當時尚不便利，一些住在宜蘭市的信眾還須騎腳踏車，努力爬坡才上得了骨塔。遑論像住在蘭陽溪南地區的信眾，如阿秀姑或未出家前的恆順法師等人，要到骨塔，先要搭火車或公車到宜蘭市，再轉搭計程車到骨塔，可謂不便。然而路程的不順，絲毫不能阻止他們親近心道法師的心。當時這些信眾是如何看心道法師的呢？當時的心道法師，話不多，但他們總覺得心道法師年紀輕輕就很有決心，住在荒蕪人煙的墓區獨自苦修，是很有修行力的修行人。

　　那時的心道法師，禪修的寡言加上不善臺語，與這群來自傳統家庭的信眾間語言多有隔閡，雖是如此，心道法師還是要他們學習禪坐、誦念〈大悲咒〉。此時還沒有一個護持心道法師的組織，只是幾位菩薩發心護持。

二、寂光寺時期

一九七七年，心道法師於礁溪龍潭湖畔覓得一地，闢建為道場，名「如幻山房」，取「生死無常、如夢似幻」之意；後來規模逐漸擴大，又名為「寂光寺」，取名自諸佛法身所居之莊嚴清淨國土「常寂光土」。

此時已有數名弟子固定跟隨心道法師學習禪坐，包括李勇、張漢添、李芳裕、莊子和、游超傑、陳照等人。另外，心道法師也開始收出家弟子，如法性法師、道明法師等，初具僧團規模。其中法性法師被稱為靈鷲山的大師兄，是心道法師收的第一位女眾出家弟子，一路跟隨心道法師於各處弘法，協助心道法師開展各項的弘法志業以及世界宗教博物館的籌建。

此時，雖已有李勇等跟隨心道法師學習佛法的在家弟子，但尚未有組織性的團體，皆屬個人發心。尤其宜蘭地區的弟子，因地緣之便，彼此間常呼朋引伴前往寂光寺探望心道法師，聆聽法教；而心道法師對弟子的教育，亦常隨順信眾因緣，觀機逗教，活潑自由，不受拘束。宜蘭老弟子陳映珠師姐回憶早年跟隨心道法師時，心道法師常以「人生無常，如夢幻泡影」訓示，勉勵她要多念〈大悲咒〉、坐禪，時時以平等心來看待事情，學習待人處事道理與佛法的日常運用。

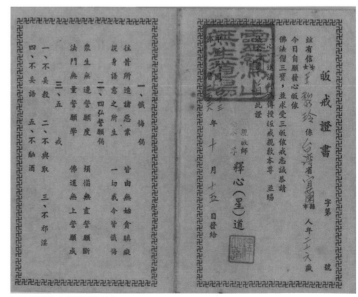

早年靈鷲山皈依資料卡

三、初至靈鷲山

一九八三年，心道法師因為想要對佛法有更深的體悟，探索將自己逼至生死一瞬的絕境下，這個「我」還剩下什麼？因此決定進行斷食閉關，以剋期證悟。由莊子和與張漢添承擔起為師護關之責，並四處採集花蕊，依法製成百花丸，當時，心道法師日僅食九粒百花丸及些許清水，維持身體機能之所需。

心道法師為覓僻靜地方致心閉關，在弟子阿惠的建議下，於同年六月來到福隆荖蘭山的普陀巖山洞。阿惠為福隆地方人士，熟悉福隆地勢，向心道法師提起荖蘭山有許多山洞，可尋一處作為關房。心道法師遂來到福隆探勘地形，向荖蘭山上的拱南宮借得普陀巖，作為關房。

心道法師在普陀巖斷食，不久即被信眾知曉「有一不吃飯的和尚在此苦修」，引起轟動，於是一車又一車的信眾來到普陀巖看望心道法師，當時心道法師因為斷食，骨瘦嶙峋，沒有體力，又要接眾，體力不勝負荷；再者，也擾亂了心道法師閉關所需的清靜，心道法師遂轉往普陀巖後山尋找合適山洞，終覓得一猴子洞，稍事整理後，心道法師即以此為關房，命名為「法華洞」，繼續閉關。

「法華洞」為心道法師由個人苦修轉至發願弘化的關鍵時期，心道法師結束了兩年的斷食之後，在寂無人跡的山頂，展開了菩薩道的歷程。

四、開山初期——建道場

　　一九八四年七月觀音菩薩成道日，靈鷲山的開山聖殿啟建開光大典。早年靈鷲山的建設，從為了讓護關弟子有一棲身之地，籌建了無生道場最早的建物——祖師殿；到後來為弘揚佛法志業，引度眾生，建立大殿（現名開山聖殿），以全臺僅有的左臥佛為主尊，接引信眾學佛、習禪，處處體現心道法師弘法度眾的大願。

開山初期，心道法師與信眾合影。

早年信眾親見心道法師苦行而受感動，以單純的心跟隨心道法師，發心護持，一路參與靈鷲山早期開山的艱辛歷程。跟隨心道法師多年的呂碧雪師姐談到當年開山時的艱辛：「早期師父在祖師殿旁的法華洞閉關時，身坐石頭上，就這樣苦修兩年。我們那個時候上山，都要從拱南宮旁的小路上去。早期人力、經費不足，所以每個人在上山時都要幫忙帶一些沙石，幫忙抬鋼筋、水泥，護持山上建設，那時山上沒水、沒電，什麼都沒有，很是艱辛。」

靈鷲山地處偏僻，早年沒有什麼信徒，但是說來奇怪，總是有辦法度過拮据的關頭。當時負責管理山上財務的大師兄法性法師，時常要為日常的開支以及支付工程款項而傷腦筋，但也慶幸，每當山上遇到財務需求時，總會有適時的因緣協助。例如大殿的建設，乃因有善通法師的媳婦朱碧霞師姐捐助，才有第一筆建設的資金；而與心道法師結緣於寂光寺時期的莊子和之父莊潤興師兄則以其營造背景，義務協助心道法師建設祖師殿、小齋堂、開山聖殿等殿堂，以及呂火金師兄捐助給付大殿工程尾款以及山上供水設備，這些都可見早期開山之艱辛，亦可見弟子護持心道法師的真心與熱誠。

五、護法會成立與拓展

隨著靈鷲山無生道場建立之後，來訪善信日益增多，加上此時臺灣經濟正處起飛時期，人們在物質生活上獲得豐足，在心靈上的需求也日益增長；但新興宗教與神秘主義的興起，造成人們在接受信仰時的迷惘及錯誤信仰的悲劇。

剛結束斷食閉關的心道法師思維著，身為一個宗教家，我們可以為這個世界做些什麼？為這個世界的人們帶來些什麼？於是在一九八九年六月先成立「財團法人靈鷲山般若文教基金會」，更於同年九月成立「靈鷲山般若文教基金會籌組基金委員會」，為靈鷲山護法會之前身。當時，心道法師帶領著僅十位出家弟子，擘劃出未來的弘化志業，推動包含四大名山道場、宗教歷史園區、般若學院、傳播機構、世界宗教博物館等在內的五大志業，並以籌建世界宗教博物館為首要志業，至此，開始了心道法師與靈鷲山弘法利生的漫漫願力道路。

為此，心道法師帶領出家、在家弟子，分工進行各種弘法事宜，於一九八九年十一月，於宜蘭羅東舉辦第一場「靈鷲山般若文教基金會籌組基金委員會」成立說明會。之後，陸續於桃園、三重、新莊、松山、板橋等地舉辦共十餘場說明會，在社會上帶動一股學佛風潮。為了凝聚這股學佛風潮，一九九〇年五月，開始於各地進行籌設分會的規劃。心道法師曾言：「我們要推動善的種子，讓世界快樂起來，大眾都有離苦得樂、慈悲一切的種子。所以我們要發菩提心，生生世世都要自利利他，成就永恆生命的

護法會成立初期，心道法師頒發幹部證書給信眾。

快樂，這就是我們歸屬的地方。」將靈鷲山弘法的志業視為推動善種子，自利利他的實踐之道。

一九九〇年九月，靈鷲山護法會同時在士林、基隆、羅東、新莊等地成立分會，靈鷲山護法會也正式成立，成為護持、協助心道法師與靈鷲山弘化的主要動力。隨後，心道法師的佛學講座也在各地啟動，信眾如泉湧現，應緣設立分會，初具護法會組織規模。

此時，各地分會的籌設，大抵是採母雞帶小雞的方式進行，由心道法師帶著出家弟子，再由弟子們帶著一群願意為佛法貢獻，為推動靈鷲山志業的師兄、師姐，共同為籌募工作奔波、努力。心道法師當時奔波於全臺各地舉辦說明會與佛法講座，像一九九〇年六月，靈鷲山在基隆文化中心舉辦首場心道法師對外大型佛學講座「菩薩活在人間」，推行菩薩道，於講座中，心道法師期盼人人都能發

菩提心，自利利他，行走於菩提大道上，獲得當地的熱烈迴響與支持；這場講座，也成為護法會日後於基隆蓬勃發展之基石。

　　早期護法委員與各分會會長秉持弘法熱誠，追隨心道法師弘法度眾的願力，透過心道法師的佛法講座、家庭普照以及靈鷲山在各地舉辦或發起之法會、朝聖（山）、臨終關懷等種種弘法方式，接引社會大眾學習佛法，不僅拓展靈鷲山的信眾與社會基礎，也於各地紛紛成立護法分會。例如，一九九二年年初，靈鷲山首次於臺中啟建「萬燈供佛大悲法會」。藉此法會的因緣，不僅與當地佛教團體建立友好關係，同時應緣成立臺中分會。而一九九三年，一次的回山請法，促成臺南區護法分會成立，復因稍後啟建「地藏菩薩報恩祈福大法會」，讓靈鷲山在臺南地區有了更堅實的發展基礎。而臺東、花蓮地區分會的成立，則因一九九五年時靈鷲山在全臺各地舉辦「為宗博而跑」的活動，結合了一群願意為宗教、為佛法貢獻，且認同心道法師「愛與和平」思想的信眾而成立的。

護法會歲末聯誼，心道法師與信眾合影。

六、宗博館與護法會的茁壯

當各地分會陸續成立，信眾日益增多時，心道法師思索如何運用這股親近佛法的善力量，為社會做有益之事。心道法師以「生命建築在永恆、在生生世世覺悟利他的菩提心，只是我們被諸多外物所迷惑，唯有透過學佛，使己心開悟，讓所見世界寬廣、包容。何謂寬廣？就是能夠尊重、包容、博愛。」發願籌建一呈現世界各大宗教信仰的博物館，不受宗教門派之見所限，以「尊重每一個宗教、包容每一個族群、博愛每一個生命」的理念，籌建世界宗教博物館，以建立「愛與和平，地球一家」的和平世界。

此乃超越當代社會的先進理想，對當時的心道法師與靈鷲山而言，真是「一個窮和尚的大夢」，負擔極為沉重，而建館經費的勸募成為靈鷲山的一大挑戰。此時，靈鷲山護法會剛成立，隨即承擔此一重責，在各種弘法活動中，廣結各方善緣，動員社會力量，擴大會員基礎，為世界宗教博物館的建館奉獻心力。因此，心道法師常提及：「因為宗博館的籌建，而有了靈鷲山護法會的組織與成長。」

為了籌措建館經費，也為了推行佛法，將心道法師的佛法思想推展於全球社會，靈鷲山護法會護持、協助靈鷲山多項弘法活動的舉辦，像是各種法會的啟建、禪修的推廣，以及各種的佛法講座、生命關懷與慈善事業之推動。像是一九九四年在臺北體專體育館舉辦的「以愛拯救地球」義賣演唱會，或是一九九五年在全臺各地舉辦的「為宗博而跑」的路跑活動，都可以看到靈鷲山護法會動員所

有力量，招募志工、訓練委員、會員為活動服務，護持活動順利舉辦。尤其，自一九九四年開始，每年啟建的靈鷲山水陸空大法會，更是護法會動員全部力量，協助靈鷲山辦好每場的水陸空大法會，讓來此解冤解業的法會功德主與有情眾生，在此進行生命的大和解，冥陽兩利，不僅籌募世界宗教博物館的建館經費，也藉此機會將世界宗教博物館「愛與和平」的建館精神傳達出去。

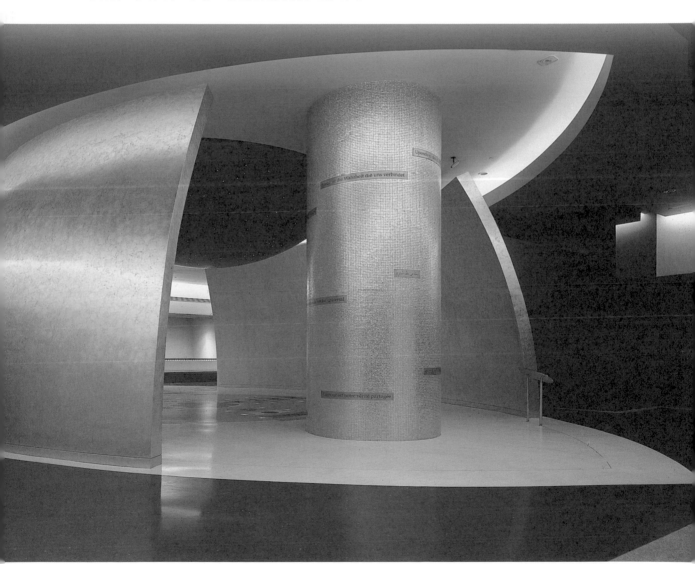

世界宗教博物館金色大廳

參、人間菩薩：委員與弘化

　　為了擴大靈鷲山護法會的信眾基礎，並接引大眾學佛，靈鷲山以禪修、法會、朝聖、生命關懷等四大弘法實踐，廣結善緣，將佛法帶給社會；也設計出以委員為組織核心的模式，由護法委員勸募會員，發揮「生命服務生命、生命奉獻生命」之精神，在勸募過程中，不僅精進本身對佛法的體悟，也接引眾生接觸佛法、學習佛法，行於菩薩道上，自利利他。

護法會的精神導師──心道法師帶領委員發願生生世世行菩薩道，做觀音的化身。

　　一九九○年代，靈鷲山的信眾基礎急速擴張，護法會的委員、會員人數增加迅速，為了因應人數的擴張，護法會組織也應時地給予適度的改組，並落實以委員為護法會組織核心的運作模式；並在一九九九年，在何語顧問協助下，靈鷲山啟動「百福專案」，進行護法會的組織改革，奠定今日組織之規模。

護法會顧問何語老師

一、護法會的核心——委員

　　委員乃靈鷲山護法會的核心，每一位護法委員都是觀音菩薩的化身，將觀音菩薩廣度眾生學佛成佛、拔苦予樂的慈悲願力，遍撒於眾生心中；成為承擔傳遞佛法、傳遞心道法師悲心大願的佛法大使，並成為社會一股安定的力量。早期，只要信眾願意發心，即能成為護法委員；而心道法師也常常在每一次的說明會或佛學講座之後，拍拍信眾的肩膀說：「你就跟著師父來做委員吧！把這份愛傳播出去，最重要的是，能夠接引更多的人來學佛。如果大家都能成為委員去關心人家，透過這一百塊的勸募，深入人家的家庭，把一些有苦的人接引出來，讓他們來學佛，讓他們離苦得樂！」

一九九六年靈鷲山護法會第一屆會員大會迎賓組委員

二〇〇八年新科委員授證，輔導委員獻花。

　　隨著護法會組織的日漸擴大，以及一九九九年開始推動「百福專案」，護法會的組織逐步完善，且在教育、訓練上也邁向制度化。護法委員們在勸募的過程中，需要時時地鞏固自己的菩提心、深刻地體悟佛陀與心道法師的教法，瞭解靈鷲山為期待社會更為完美、地球平安，推動對治人心煩惱的各項志業。為此，靈鷲山為護法委員設計一系列的養成教育與訓練，讓委員的生命都能夠得到佛法的滋養，生生世世都能行走於菩提大道上。現今，成為一位靈鷲山的護法委員，必須經過儲委的養成階段、接受四大弘法志業的實習、佛法與靈鷲山志業的教育與訓練等學習，並於每年五月的護法會幹部夏季營接受委員授證，在大眾的祝福與勉勵中，成為一位正式委員。所以，每位靈鷲山的護法委員都必須具備以下特質：

二〇一一年新科委員授證，與心道法師合照。

一、發願承擔如來家業，認同心道法師與靈鷲山的佛法教育理念。

二、願意付出心力於弘法活動與公益事業。

三、對工作有敬業精神。

四、慈悲為懷、願與人分享。

五、對家庭有責任感。

六、常修身、口、意三業。

靈鷲山的護法委員除了傳承佛法，護持心道法師與靈鷲山的佛行志業之外，也需對外勸募，接引大眾學佛、利益眾生。因此，每一位委員都須承擔以下各項弘化工作，期使眾生離苦，讓社會更美好：

一、接引會員親近佛法與心道法師及靈鷲山。

二、帶領會員參加佛法教育，將修行、弘法並行推展。

三、鼓勵會員參加護法總會、區會、分會舉辦的各項弘法活動。

四、擔任義工及參與助念、讚經。

五、關懷所屬會員之身心、生活及互助事項。

六、傳播世界宗教博物館「尊重、包容、博愛」的理念，推廣一念善心。

心道法師曾說：「委員就是扮演造橋、鋪路，為眾生學佛法，造福德的橋，讓眾生經過的角色。」也說：「委員就像佛法大使一樣，透過大家的口，不斷地傳播學佛的好處，募集會員，就如同托缽一般，廣結善緣，為社會植福。」為了接引大眾學佛，委員本身必須發起菩提心，深入瞭解佛法、瞭解心道法師的教育弘法理念以及靈鷲山的各項志業精神，必須懂得分享與付出關懷，才能成為傳遞佛法的橋樑，接引眾生學佛。

心道法師認為眾生就是福田，人與人的互動就是產生能量的地方，委員以佛法的自利利他，讓生命豐收。因此，心道法師時常勉勵委員說：「學佛真正的目的，還有做委員真正的好處，就是時時刻刻在眾生的身上看到自己不好的習氣，也因為這樣子，可以改掉自己的無明跟習氣。」因此，許多的委員在談到跟隨心道法師學佛、成為靈鷲山委員後，認為自己心念轉變，不再躁動，懂得以正面、積極、樂觀、愛心的態度，轉念看待心中種種的煩惱，以及事物的不同面向與外界的紛爭。

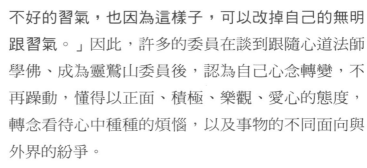

心道法師頒贈授證紀念狀，新科委員們歡喜納受。

靈鷲山護法會的每一位委員都是千手千眼觀音菩薩的化身，也是觀音菩薩的代言人，靈鷲山的委員就是用這樣的精神關懷眾生，幫助眾生成長、發菩提心。此精神的最佳例證，即每月收取一百元的會費。一百元的會費，不多，卻是委員與會員之間的互動連繫、傳遞佛法觀念的基礎。藉由這一百元所牽起的連繫，委員關心會員在生命旅程遇到的生老病死等種種人生課題，彼此之間緊密連結，充分

委員代表為新科委員佩帶領巾，富有傳承的意義。

體現心道法師所強調的「生命共同體」真義。

因此，心道法師在談到委員的工作時，說：「人生幾何，我們（委員）能跟隨觀音菩薩學習佛法，貢獻己力，是何其幸運、具足福氣智慧的事情。我們若要跟觀音菩薩銜接，就要實踐觀音菩薩的願力──眾生度盡，方證菩提。因此，我們一直接引大眾來做福氣，學習智慧，消化煩惱；學習奉獻、服務，這是我們的使命。」成為靈鷲山的委員，本

「委員們就是千手千眼觀音菩薩的化身，做的就是接緣苦難的眾生，讓他們離苦得樂成正覺，這也就是護法菩薩的使命。」

護法會西區以北授證委員精進營──新科委員團體照

東區護法委員手持心道法師法語捲軸

二〇一二年新春聯誼，感恩委員薪火相傳。

西區護法委員為心道法師獻上妙音供養　　　　　　　護法會西區以南儲委精進營

身就是一個植福的工作，不僅為這一世帶來生命的解脫，也為未來生生世世的生命種下學佛、成佛的善因善果。

儲備委員——護法會的後備軍

成為委員前，須經歷儲備委員（簡稱儲委）階段，舉凡會員入會滿六個月，品德良好、善良誠信，經推薦即具備成為儲備委員的資格。另外更須認同靈鷲山的弘法宗旨，並已接引五名以上會員入會，帶動各界人士參加靈鷲山各項弘法活動。

此外，儲備委員尚須接受以下教育訓練課程，經授證後始能成為正式委員：

一、委員信念課程，其中「自利利他的福氣人生」、「精進行」兩堂為必修課程。

二、熟悉靈鷲山組織、理念及聖山建設計畫的必修實習課程：

（一）參觀金佛園區、世界宗教博物館，瞭解心道法師與靈鷲山弘化理念與精神。

（二）參加分會聯誼。

（三）參與志工服務與會員關懷，瞭解委員工作內容。

（四）參與〈大悲咒〉共修、受八關齋戒，參與水陸、水懺等以及相關法會等活動，瞭解靈鷲山慈悲宗風理念。

（五）參與禪修如平安禪、雲水禪等，體悟靈鷲山宗風修行精神。

（六）參與讚經。

（七）朝禮總本山。

從會員、儲備委員到委員，是一種學習的生命教育過程；從參與四大弘法實踐的過程中，學習對佛法的認識、對心道法師與靈鷲山的認同與護持，以及對眾生的關懷與慈悲。靈鷲山的宗風是「慈悲與禪」，心道法師說：「禪是守護，守護真心；慈悲是菩提心，『但願眾生得離苦，不為自己求安樂』的慈悲。」靈鷲山的儲委、委員們，在勸募會員、關懷會員、推動佛法信仰的過程中，懂得分享，付出關懷；學會尊重生命、愛護生命等生命教育的真諦，釐清生命的本質與方向；學會「願力能突破一切障礙」的意義。

委員仔細聆聽心道法師開示

二、一百元的緣分，無盡的福氣

靈鷲山護法會的成長，與宗博館的籌建有密不可分的關係。早期，為了宗博館的建設，靈鷲山護法會以每月一百元贊助籌建宗博館的小額募款方式，募緣也募錢，有委員曾跟心道法師說：「師父，您建宗博館需要錢，我可以捐；但是，一個會員一百元這樣募，很辛苦的。」心道法師回說：「我要的是眾生學佛的因緣。」因此，靈鷲山的護法委員，利用各種與人接觸的機會、動員各種社會關係網絡，介紹心道法師的大願、推廣宗博館的理念，招募信眾，成就他人也成就自己，共同培育美好的果實。

這一份佛行志業，感召了無數的信眾從家庭中、從工作中走出來，面對陌生的人群，為佛法大業，他們擴展了個人的生命網路，增加了對生命的熱愛、對社會的感恩。楊玉錦師姐，原本是一個家庭主婦，個性內向、不易與人親近，生活重心也僅圍繞在丈夫、孩子身上，自從皈依心道法師後，心道法師跟她說：「玉錦，師父有個理想，想要建宗博館，妳來幫忙吧！」原本內向害羞的師姐，為此猶豫好久，但因深深想要護持、幫忙心道法師的理想，於是鼓起勇氣，突破害怕、不知如何啟齒的心理障礙，從菜市場的菜販、肉攤開始展開邀約，從此改變自己不與人接觸的行為模式，主動和左鄰右舍打招呼，關心身邊的人，更積

宗博開館十週年「心和平之夜」，委員師姐與師兄大合照。

宗博開館十週年慶，心和平之夜，委員將手中的授勳帶，彼此榮耀、彼此鼓勵，邁向更加璀璨的十年！

極向所有遇到的人介紹宗博館，才短短幾年時間，所接引的會員幾達千人。

心道法師曾說：「收一百塊是收心，收他們來學佛，輔導他們學佛，發心護持三寶，延續正覺、正念的生命。」心道法師認為讓委員這麼辛苦一百元、一百元地去募會員，重點不在於會費的多寡，而是生命與生命之間的環扣、連結；每個一百元就是一份的緣，一份接引眾生學佛的緣起，就是播下一顆正覺的種子，所以一百元的會費就是無盡的慈悲。

委員圖像

這一份慈悲力量的連結，社會動員的勸募方式，形成臺灣社會一股向善力量的集結，也讓宗博館籌建的十年期間，充滿許多感恩、感動的生命故事。靈鷲山也以此連結了這股向善、學佛的力量，在全臺各地成立護法分會、建立講堂。每一位靈鷲山的會員、委員，受到心道法師修行與慈悲願力的感召，投入宗博館籌建工作，十年來無怨無悔，發心護持；並在宗博館開館後繼續護持心道法師，開展華嚴世界的愛與和平建設。

　　心道法師認為靈鷲山推動世界宗教博物館的籌建，
是為了將佛法建設到每一個人的心中，因此心道法師說：
「我們用博物館來造福眾生，蓋博物館其實就是在蓋我們
的福氣，福氣可以蓋得完？福氣永遠無法蓋完，所以，我
們永遠有蓋不完的博物館。」眾生就是福田，委員勸募
一百元的會費，是為自己、也為眾生植福。因此精勤地耕
耘眾生這塊福田，才是生生世世永久的福氣。

心和平之夜委員大合唱

三、護法會組織

　　靈鷲山護法會自成立以來，為使組織發揮更好的弘
化功能，曾歷經數次改革。目前護法會採委員制，各項職
務，如總會執行理事、區會執行長、分會常務委員等各級
幹部皆須具委員資格。靈鷲山護法組織架構由上至下可分
為總會、區會與分會三層級。

　　護法總會，下有十個區會，分別為基隆A區、臺北市A
區、新北市A區、新北市B區、新北市C區、西區A區（指
桃竹苗地區）、中區A區（指中彰投地區）、嘉南A區、高
屏A區與東區A區（指宜蘭、花蓮、臺東等地）等十區護
法會；以及香港、印尼、馬來西亞、泰國、美國等海外區
會。

　　早年，護法會各分會乃跟隨會長（即今天的常務委
員）而移動，通常聚會場所（分會會址）多為會長提供之
處。自一九九四年起，開始出現固定聚會、共修場所的中
心、講堂，以講堂作為地方弘法與信眾聚會共修處，區會
則以委員為主，為推廣佛法、廣招信眾的行動組織。

　　易言之，即講堂作為委員與信眾連結的空間所在，
深耕當地，推展佛法弘化，以空間為主；而各區護法會則
以委員為主，藉由講堂這一空間，與講堂執事法師互相配
合，進行護法會相關工作，以人為主。因此，靈鷲山護法
會組織以各地委員為中流砥柱，下有儲備委員，作為護法
會新血的生力軍補充，再下即為會員，作為護持靈鷲山志
業的社會基礎。

榮譽董事聯誼會

　　靈鷲山各項弘法志業的推廣，獲得社會上無數大德居士出錢出力的協助，很多人深深認同心道法師建設世界宗教博物館、追求「愛與和平」的理念，發心護持，認捐榮譽董事。一九九六年，靈鷲山舉辦世界宗教博物館榮譽董事聯誼會成立大會，作為護持世界宗教博物館建設的組織，集結眾人力量，推展「尊重、包容、博愛」理念，為社會注入一股清流。心道法師說：「成立這個聯誼會主要的目的，是為了讓大家能夠理解靈鷲山並共襄盛舉，同時也讓我們的一念善心處處呈現。」希望藉著諸位榮譽董事在社會各領域的影響力，協助靈鷲山推展世界宗教博物館「尊重、包容、博愛」以及「愛與和平，地球一家」的創館理念。

妙用法師與靈鷲山榮譽董事會代表

　　其實，早在一九八九年心道法師成立「財團法人靈鷲山般若文教基金會」時，當時擔任淡江大學管理學院院長的蔡信夫博士，即慷慨捐贈一百萬元以資助基金會的成立，可說是靈鷲山首位的榮譽董事。爾後，靈鷲山的各項佛行志業以及宗博館的籌建，不斷受到社會上各界人士的協助與幫忙，如天主教的馬天賜神父、王榮和神父、中華道教協會的張檉理事長、娛樂界的張小燕小姐、曾任內政部長的吳伯雄先生與葉金鳳女士，以及企業人士如郭進財先生、陳進財先生、侯西峰先生、葉國一先生等人，出錢出力，不僅成就了世界宗教博物館的開館，也讓靈鷲山能在社會上發揮安定人心的宗教功能。

　　榮譽董事聯誼會與護法會彼此關係密切，許多榮譽董事身兼委員身分，出錢出力，護持靈鷲山諸多志業及重大理念計畫的推展，諸如世界宗教博物館的籌建、華嚴聖山計畫的護持、水陸空大法會及各種法會的啟建等，皆能看見榮董菩薩們的身影，各自依其因緣進入靈鷲山這一大家庭，付出熱情與力量，與護法會的委員們戮力為靈鷲山的弘化志業盡心盡力、奉獻服務。

　　未來，靈鷲山推動華嚴聖山計畫，以「回歸總本山」的精神，「啟運清淨道、廣開甘露門」，將佛法的菩提種子深植於社會大眾心中，相信榮譽董事亦同樣將承擔、護持此一願力。

四、四大弘法實踐

　　當今社會全球化與網路科技發達，資訊快速流通，社會環境飛快變化，人們應接不暇，心靈容易迷失，為推動靈鷲山「慈悲與禪」宗風、落實心道法師「華嚴世界」理想，須靠群體組織力量，所以心道法師十分重視教育，認為「教育即組織，組織即弘法」，靈鷲山護法會的成立，就是要做好佛法的傳承，將佛法弘揚於世界各地。因此，靈鷲山護法會要求信眾在生活中實踐、體驗佛法，既造福更要造慧，福慧具足，修行與弘法並具，才具佛道的慧命。

　　曾有師姐問心道法師：「我不斷地做善，不斷地布施，以後還會下地獄嗎？」心道法師回說：「會！」師姐疑惑反問：「為什麼做很多善事還會下地獄？」心道法師說：「沒修慧啊！福慧兩足尊，慧跟福要齊頭並進，才能成就佛道。妳做諸多布施，只是在造福，妳沒有好好的禪修、禮懺、修行，雖然造了很多福報，下輩子可能因這些福報而有好報。但是因為妳沒有智慧，會不小心去造大業，就因果、生生世世的輪迴來講，怎麼沒有下地獄的可能！」

　　因此，護法會秉持心道法師修行理念與悲心，以宗風「慈悲與禪」為重點，推展禪修、法會、朝聖、生命關懷四大弘法的落實，弘傳靈鷲山宗風理念，護持靈鷲山各項弘法活動，帶領會眾認識靈鷲山之志業與心道法師的悲心大願。下就四大佛行志業加以說明：

行禪

（一）禪修

心道法師十年塚間苦修的根底便是禪修，心道法師曾說：「十方三世一切佛，皆由禪定入門。禪修可以生大善根，明白心性的基礎，是生起諸功德的根基。禪修在解脫的過程中是必然的學習，是對心性體悟的瞭解，如鏡照物，不是明白物，而是能照鏡，不斷地迴光返照，省思明白，是一種對生死了脫的一種明白。禪修可除習氣，若無禪修，習氣難斷，智慧難開。所以學佛人真的要在禪修方面努力下功夫精進。」

堅持靈鷲山的禪修宗風

為傳續心道法師法脈與讓大眾領會禪修法益，靈鷲山長期持續舉辦各式禪修活動，從僧眾四季的精進禪修，到外眾的雲水禪；從每季深入社區舉辦親子禪到每月道場所安排的雲水禪，再到每週各地講堂的平安禪，靈鷲山在不同的時空情境及日異的時代軌跡中有系統地植入禪修的種子，期望為這塊土地培養安定、祥和的能量。

幹部秋季營，委員於大禪堂禪修。

領略靈鷲山的禪風，是心靈最珍貴的享受。

心道法師說：「心和平，世界就和平！」禪修能帶來個人內心的寧靜、和平，當寧靜的種子，從個人環扣到家庭、社會、世界時，世界就寧靜、和平。從二〇〇八年開始，靈鷲山將舉辦多年的萬人禪修擴大舉辦為寧靜運動，以減音、減食、減碳的三減概念，以及寧靜、愛心、對話、素食、再生、節能、減碳、節水、綠化等九大生活主張，以禪為主體，連結佛法與生活，運用「一分禪」，讓人們能隨時觀照自身心靈變化、煩雜的心，寧靜、和諧下來，從而使外在的空間和諧，成為一種心靈環保運動。

禪修是中國禪宗所講究的修行法門，強調以具體生活實踐為前提，因應時代需要做出相對應的變化，滿足人們生活需求。靈鷲山推動全球寧靜運動，便是心道法師面對現代化社會發展困境所回應的一種當機修行方式。心道法

全球寧靜運動，志工合十群像。

寧靜手環的使用方式：寧靜九分鐘，一天三次，
當手環的白面朝外，表示心歸零；紅面朝外，表
示心浮動。每次換面，表示自我覺察。

師以自身斷食閉關與深入禪修的體驗，提出「一分禪」的
方便法門，強調「隨心修行、隨處修行」的彈性、自在概
念，鼓勵人們隨時隨地面對自己，傾聽內心深處的聲音，
藉此讓紛擾的心變得安定與平靜。

　　「寧靜運動」也是一種人與人之間彼此互相關懷、
互相砥礪的一種社會運動。靈鷲山設計了紅白雙面的寧靜
手環，白色代表內心充滿「正面、積極、樂觀、愛心」等
正面能量；而紅色則代表「焦躁、沮喪、消極」等負面能
量，藉以告知周遭的親友，需要大家的鼓勵與關懷；同時
紅色也具有自我覺察的功能，隨時注意自身心思的省察。
「寧靜運動」是靈鷲山繼世界宗教博物館之後，有鑑於全
球人心的浮躁動盪與接踵而來的社會問題，持續推動生命
教育的具體行動之一，希望藉此活動鼓勵修行者能有入世
的關懷，並使「尊重、包容、博愛」的
理念落實人間。

　　因此，禪修在靈鷲山的弘法中，
不只是個人修行的法門，更是人與人之
間彼此關懷，代表內心充滿了正面、積
極、樂觀、愛心的力量，可以使人生充
滿光明、社會充滿和諧以及地球充滿寧
靜的修行法門。

以寧靜為獻禮，回歸清淨無染的初心。

馬來西亞觀音薈供法會圓滿後，在六字大明咒的咒音宣流中，
信眾依序登上壇城接受心道法師的灌頂加持。

（二）法會

靈鷲山所啟建的法會除了傳承亙古綿長的佛教法脈之外，亦在每個具體的時空背景中深深植入慈悲滿願的精神，與生命的脈動相結合。心道法師認為法會舉辦目的在於使信眾在神聖莊嚴的環境與梵唄聲中，生起親近佛法之心，引導信眾開展智慧，得到正確佛法教育，強調藉由法會的啟建，在神聖、莊嚴的場域中，讓信眾認識佛法、瞭解生命與生命之間是相互依存的共同體關係，富有生命教育的意義。

靈鷲山因兼具顯密傳承，每年啟建的法會有漢傳的各種懺悔法門與經典共修法會，還有藏傳的薈供、財神法會與圓滿施食法會等；其中，尤以每年一次舉辦的水陸空大法會最為盛大與隆重。

水陸空大法會功德主群像

　　源於心道法師塚間苦修、誓度眾生的悲願，一九九四年靈鷲山首次啟建水陸空大法會，並延續啟建迄今。水陸空大法會是漢傳佛教中儀式最隆重、功德最殊勝的法會。靈鷲山藉由法會之殊勝，讓參與法會的信眾普修供養、發菩提心，進行生命的大和解；也利用信眾聚集的機會，在法會現場設計各種主題展示，推廣慈悲、和平、寧靜、環保等生命教育的理念。

　　每年的水陸空大法會，更是緬懷祖先、追薦先人的機會，諸功德主虔心誠意地於法會中誦經、拜懺、供養、轉化生命的貪瞋癡，超脫罪苦，使生命與生命之間有最圓滿而和諧的連結。「弟子虔誠，必蒙感應。」因此，時常有

靈鷲山年年啟建的水陸空大法會，是生命大和解的平臺。

靈鷲山水陸空大法會內壇神聖莊嚴的壇城　　　　　靈鷲山水陸空大法會是共修、供養的平臺。

功德主從送聖的莊嚴場面內見到逝世的至親微笑地向其打招呼，隨著西方三聖前往淨土；或有功德主因為過往的因緣果報，惡業現前，因參加水陸空大法會，與累劫冤親債主，解冤解業，從而進入佛法的學習殿堂；有些功德主，則是在參加完朝禮水陸壇城的朝聖活動，見到水陸莊嚴會場布置，生起恭敬心，主動接觸靈鷲山學習佛法，成為靈鷲山的護法委員。

水陸空大法會一向被視為靈鷲山的年度盛事，不僅僅是大共修、大和解的場合，也是靈鷲人服務生命、奉獻生命、覺悟生命，實踐佛法的最佳機會。每年的水陸空大法會，以「悲願、嚴謹、平等」的態度與精神，依照千年來的傳統，做好法會的每一個細節，靈鷲山動員一、二千人的志工，投入法會的籌備與服務。在法會中，這些志工學習團隊合作、溝通相處的技巧；也在服務的過程中，實踐菩薩道的精神，長養慈悲心，累積自己的福德資糧。每年的水陸空大法會，不僅僅是拜懺、解冤解業的場合，更是靈鷲山護法會接引信眾接觸佛法、進入學佛的歷程，找到安心的生命方向，利益許許多多眾生的法會。

在靈鷲山啟建的法會中，參與者除可學習教儀懺法之外，亦可在此共修的大磁場中體會佛陀的智慧與慈悲，利用法會神聖的空間將整個身心帶入佛法中，滌淨心靈、轉

識成智。這些法會的啟建，充滿心道法師對生命教育的關懷，正如以下的故事所述：

曾有信眾問心道法師：「為何要做法會？」心道法師答：「法會就是讓自己、讓其他人有機會認識了脫生死、離苦得樂的方法；就算不能成佛，至少可以開開心心的輪迴。要開心的輪迴就要做利他的工作。」

另外，有一弟子向心道法師說：「師父，如果我早死的話，您要記得幫我超度！」心道法師回答：「你現在隨時當下就要度自己，自己度自己。」弟子疑惑地回說：「師父，怎麼度啊？我還可以自己度自己？」心道法師說：「過了就放下，當下就放下，這就是時時刻刻度自己，你還等我來度你？現在就要為自己累積功德、福報，該念佛的時候就念佛、該持咒的時候就持咒，尤其念滿十萬遍的〈大悲咒〉，定會蒙佛接引，你想去哪裡都可以！」

百萬大悲咒願力閉關，衝破百萬——閉關全員合影，共同記憶這殊勝的時刻。

百萬大悲咒願力閉關，閉關者於華藏海虔心繞佛持誦〈大悲咒〉。

　　〈大悲咒〉是觀音菩薩總持的法門，具有所求如願、隨願往生、修行證果等種種利益，也是心道法師的成就心訣，藉由日夜誦持、思維的加持，心道法師成就了許多不可思議利益眾生之事業。心道法師深知〈大悲咒〉殊勝之處，期許靈鷲山四眾弟子日日持誦〈大悲咒〉，為修行之功課，藉以效法觀音拔苦救難的慈悲精神，長養菩提心，希望眾人能在觀音菩薩的廣大慈悲願力加持下，安度末法時期災難頻仍的時代。

　　除此，心道法師希望大眾皆能持誦〈大悲咒〉，祈願地球平安、息災弭難。因此，二〇〇八年首由東區護法會的陳松根師兄組織「百萬大悲咒」共修團隊，至今已擴展於全臺各地區會，數千人加入共修行列，廣開甘露法門，接引眾生學佛，深植福德，祈願佛法永續、災難遠離。二〇一二年，靈鷲山為積聚共修力量，以眾人之力祈願地球平安，於四月一日至四月二十一日，首度於總本山華藏海大殿舉辦「二十一日百萬大悲咒願力閉關」，圓滿持誦一百三十二萬餘遍〈大悲咒〉；並於閉關圓滿後隔天（四月二十二日）世界地球日，舉辦「地球平安禮讚」活動，以行動呼籲世人以宗教心、和諧心、關愛心愛護地球。

普陀山朝聖迎請普濟寺毗盧觀音來山奉安

（三）朝聖

　　心道法師說：「聖蹟的形成，是聖者本身的行持感應、修行體證與教化影響，雲集而來的人、事、物、環境組合而成的神聖事蹟，能激發人心向上、見賢思齊的動能。」靈鷲山每年舉行諸多海內外各聖地的朝聖之旅，藉著嚴謹的朝聖儀式，親見聖者遺蹟，跟隨聖者腳步，學習成佛之道。

普陀山朝聖

普陀山朝聖——「在朝聖的過程中要時時保持著感恩的心，就能夠與觀音菩薩相應。」

二〇一三年，法師帶領八關齋戒
戒子朝山。

千人大朝山

緬甸朝聖供萬僧

一九八八年，心道法師首度率弟子前往中國五臺山、峨嵋山、九華山與普陀山等四大菩薩聖地朝聖，不僅讓隨同朝聖的弟子更堅定求道之心，也開展靈鷲山入世度眾的弘法志業。心道法師與靈鷲山不僅率領信眾前往朝禮佛教聖地，也朝禮全球各地的宗教聖地，如耶路撒冷、俄羅斯東正教聖地，或是飽受戰火摧殘的波士尼亞宗教聖地，培養信眾深刻體驗「愛與和平，地球一家」的理念。

緬甸朝聖供萬僧──「從護持三寶而能禮敬三寶。」

緬甸朝聖供萬僧於仰光巴利大學

尋根之旅，造訪心道法師修行故地靈骨塔。

　　平時靈鷲山各區護法會也固定舉辦朝禮靈鷲聖山或心道法師修行故地的活動，親近心道法師法教，藉山上景觀，進行一場心靈之旅。而在朝山的過程中，朝山者專注自身身心動作，使內心獲得寧靜，從而更加領悟心道法師所說的法義，這正是修行的實際體悟。

二〇〇二年靈鷲山首度於緬甸舉辦供僧，此行強化了四眾弟子對佛陀的堅定信念，一同為普揚佛法努力。

　　而自二〇〇二年開始迄今的緬甸供萬僧朝聖團，藉由供養僧侶，親見戒律森嚴的南傳比丘莊嚴法相，培植自身福德，堅固習佛信心。二〇一二年的印度朝禮佛陀聖地，以及二〇一三年不丹朝聖行，皆由心道法師親自率領，結合了懺法、禪修與善知識說法等弘化活動，讓信眾在朝禮聖地的過程中，不僅緬懷佛陀與祖師度化世人的種種菩提大願，更藉此在朝聖的過程中，培福植慧。

在鹿野苑五比丘塔，心道法師帶領靈鷲山法師與朝聖團團員於佛陀初轉法輪塔前進行誦經繞塔。

二〇一二年春季臨終關懷培訓營——高屏講堂師兄
分享「我如何踏上菩提路」

（四）生命關懷

　　生命關懷是以生命教育為目的，對信眾在生命的旅程中，必經的生老病死歷程提供關懷與協助，使生命能不受業報現前的磨難而徬徨，藉著佛法滋潤當下放下、接受；對於往生者則能使之得到正念佛法，無罣礙地安心離去、往生善處，也使家屬能安心，進而受到佛法的感化，步入佛法的慈悲殿堂。

全國臨終關懷幹部精進營讚經實習

　　生命的消逝，常使生者承受極大的悲痛，來自信仰適時的撫慰，往往使人能夠走出傷痛，並從而接受宗教信仰。靈鷲山的臨終關懷與讚經、助念，也具備了此種功能，也為此而接引大眾學佛，靈鷲山各地的助念團，許多團員也是因為自己曾在家人臨終過程得到幫助，進而發願加入這助人的行列，並成為靈鷲山的護法委員。例如，羅玉偵師姐因父親的往生，而與臺北講堂的助念團結緣，感念佛法在她面對家人離去時給予她安定的力量，覺得「這樣去安定別人的身心，是很偉大的工作。」因而主動發心加入助念團。在助人的過程中，師姐體悟到「我們因為生命中的苦而接觸佛法，體驗到佛法的美好，使苦痛得到舒緩；然後開始想要讓更多人知道。此時，我們的生命就不只是限於自轉，而是開始在公轉了。當我們在安定他人身心時，事實上也是在安定自己。」

志工帶領長者點燈供養

關懷獨居長者

心道法師頒發獎座給得獎同學

二〇一一年高雄普仁獎園遊會，普仁獎得獎人與家長對著鏡頭微笑。

　　就像在讚經助念的過程中，靈鷲山的護法委員們藉著幫助他人、見他人之苦的因緣，令自身生起菩提心、感悟無常常在，以心道法師「用關心、愛心、慈悲心服務社會」的理念，懷著「生命共同體」的精神，逐步將慈悲的精神拓展至臺灣及世界各地，進行緊急援助與社會奉獻的工作，諸如全國普仁獎學金的頒發、各地幫助弱勢兒童生活照顧的歡喜小菩薩班、每年水陸空大法會的白米贊普、新北市雙溪、貢寮地區的獨居老人關懷等等。

　　其中，靈鷲山慈善基金會主辦的「普仁獎學金」，以廣泛參與、嚴謹評選舉辦過程，讓家庭、學校、社會三方面一同關注「品德」教育，受到社會各界的重視。二〇〇三年，心道法師體認到「心貧乏」為社會大弊，唯有透過傳統倫理美德的培育，才能使社會安寧，故設立以「獎勵品德」

心道法師出席臺中普仁獎頒獎典禮，與志工、工作人員等合影。

看到即使潛伏於社會幽暗角落，仍有願意付出愛與關懷的「普仁小太陽」，是參與普仁志工家訪工作最大的動力。

為標準的「普仁獎學金」。首於新北市舉辦,之後陸續推廣至全臺各地,並於二〇一一年,為提升社會對品德教育的重視,由全臺各地獲獎學子中,再選出二十位為全國表揚楷模,舉行首屆全國普仁獎頒獎典禮。

參與普仁獎選拔的委員與社會賢達們,透過學子的家訪、到校考察,提供學子物質、心靈上的種種服務,從小培育學子傳統美德,使之擁有感恩心,知曉佛法的自利利他與慈悲,撒下習佛種子,取諸社會、用諸社會,為靈鷲山護法會的每年重大活動之一。

近來,隨著地球暖化、氣候劇烈變遷,各地天災不斷,投入災區救災,成為所有宗教團體濟世救人的基要工作。一九九九年的九二一震災、二〇〇五年的南亞大海嘯、二〇〇八年的緬甸風災、四川地震、二〇〇九年的莫拉克風災、二〇一〇年的海地震災、二〇一一年日本三一一地震,皆可見靈鷲人身穿靈鷲山志工背心,或穿梭

南亞大海嘯,援助斯里蘭卡災民。

忙碌於災區中，遞送賑災物資、協助清理環境、撫慰災民心靈；或街頭募款、斷食一餐，捐獻愛心。對於護法信眾而言，在這些救災的工作中，除了學習付出自己一份力量，更深刻地體會到佛法所教授的「無緣大慈、同體大悲」生命共同體的實踐。

靈鷲山護法會四大弘法處處體現心道法師「生命服務生命、生命奉獻生命、生命覺悟生命」精神，藉由禪修的自

利，得到心靈的寧靜與和諧；由法會的佛法教育，瞭解生命乃生命記憶體和合所成，人人皆為生命共同體，瞭解因緣果報的關聯，開啟悲心；從朝禮宗教聖地，學習菩薩悲智願行與佛陀法教；以及由生命關懷、實踐生命教育走向利他大道。靈鷲山護法會藉此四大弘法普遍於社會上播撒成佛種子，並展現服務、奉獻與覺悟生命的護法精神。

肆、觀音種性：護法會的理念

　　靈鷲山的護法委員以四大弘法作為修行實踐媒介，接引眾生入佛法智慧大海，為了讓護法信眾更清楚在日常生活應該以何種態度與價值，行持弘法接眾的工作，護法會在成立之初，即提出「遍撒正覺的種子」的護法使命，而心道法師更以「生命服務生命、生命奉獻生命、生命覺悟生命」作為護法會之精神，其後，在一九九九年推動「百福專案」進行護法會組織改造時，更提出十則「百福心要」，作為委員弘法接眾的準則。在此使命、精神與準則的導引下，委員轉換個人的名利心、計較心、分別心，以無分別的平等心、觀音菩薩聞聲救苦的慈悲心，入世接引眾生。心道法師說：「我們要以觀音作為我們的偶像，生生世世作觀音菩薩的化身，力行慈悲的菩薩道，學習觀音慈悲救世、慈航普度的精神，用願力去達到與觀音菩薩的相應度。」

一、護法會的使命——遍撒正覺的種子

　　佛經有云，眾生都有菩提心、都有成佛的種子，未來都會被授記成佛。因此，如何激發起眾生的菩提心，引導他們學佛，早日獲得成佛的慧命，成為靈鷲山護法會成立的初衷。尤其，護法會成立初期，社會甫從桎梏解放，社會充塞一股四處溢流、尋找出路的生命力，更須加以引導，成為心靈能量提升與社會安定的力量。因此，靈鷲山護法會在成立時，在「傳承諸佛法、利益一切眾」的宗旨下，以「遍撒正覺的種子」作為護法會之使命，希望在社會上，普遍喚起大眾的菩提心，勸發眾生「相信因果勤行善，為利眾生具佛法」，精進勤行菩薩道。心道法師認為世間多煩惱、雜染，若無正面、積極、樂觀、愛心的生命引導，將產生對世間不滿、消極等負面情感，使人與人之間充滿衝突、對立，社會不和諧。心道法師以「學佛就是要轉變自我情緒成慈悲，造就福祉善業，讓眾生行善做好，得好因果，讓每一個人都能轉換壞果成好因緣，讓社會更美好。」期勉護法會成為「心靈的服務站，推動心靈環保，推動善的教育，服務社會，為社會貢獻我們的愛心，用愛灌溉我們的社會。」讓社會安定、和諧。

　　因此，心道法師對護法會的委員們抱有極大期許，以委員為觀音菩薩的化身，這個世間愈苦，愈需要靈鷲山的護法委員，只要大家都能銜接愛心，做好推愛與被愛的工作，社會自然祥和。委員勸募會員，收取會費只是一個媒介，重點在經由會費的收取，連結了其與佛法、靈鷲山的關係，勸發他們的菩提心。

為了勸募會員、把佛的智慧介紹給大家，委員必須對佛法有更深的體悟，開發己智，善用佛法，關心會員，漸漸地鞏固自己的菩提心，堅固自己行菩薩道的心。如同吳阿緞師姐回想當初被心道法師要求承擔委員工作時，心道法師以「智慧在眾生身上，福報也在眾生身上！」訓勉，起初阿緞師姐不甚清楚何謂智慧、慈悲，直至有天到菜市場，看到一位賣雞肉阿婆，心想：「老人家年紀一大把了，還要做殺生的工作。」一念不忍，便過去與老人家攀談，當說出「阿婆，您要不要來當我們的會員，一個月一百元為自己做福報！」剎那間領悟到心道法師所講的慈悲和智慧，就是看見他人苦，生起菩提心，知曉如何運用佛法來幫助有需要的眾生。

因此，心道法師提到委員的工作在於「做服務、奉獻的事情，相信佛法因果、勤行善。委員就是做讓眾生相信因果勤行善的引導工作，激發他們的善因善緣，在輪迴的生命中沒有白來，得到善業的累積。」強調護法會委員就是要「發菩提心、發成佛的心，做接緣的工作，由善緣而得到成佛的果報，一直不斷地與善的因緣相結合，把佛的智慧介紹給大家，讓人人離苦得樂。」

二〇一〇年水陸法會願力委員與心道法師合影

心道法師頒發證書給水陸空大法會願力委員

二、護法會的精神──生命服務生命、生命奉獻生命、生命覺悟生命

　　靈鷲山委員做的每一件事，從會員接引至賑災勸募、啟建水陸空大法會等等，都是利益眾生的事；而在做這些事同時，護法信眾一心專注於如何幫助眾生、利益眾生。為了讓信眾在接觸靈鷲山的過程中，除了參加禪修、法會、朝聖、生命關懷等弘法實踐，獲得福慧功德；也希望信眾在參加活動的過程中，自身有所成長，對於菩薩道的行持更加道心堅固。因此，「生命服務生命、生命奉獻生命、生命覺悟生命」，成為靈鷲山護法會弘法利生的信念，也是靈鷲山舉辦弘法活動的動力。

　　心道法師以「菩薩道的實踐者、先鋒部隊，真正行走於菩薩道的人」，勉勵護法委員，希望護法委員們能「發

靈鷲山大願隊志工於水陸法會期間，擔任金剛護法。

大願隊志工特寫

心道法師與大願隊志工合影

水陸空大法會老中青
三代志工

出惜福、惜緣、接緣的願力，無所畏懼、不退縮地接引眾生進入佛門。」鼓勵委員發菩提心，接引人們學佛，自利利他，力行菩薩道。生命與生命之間，彼此是相互依存，心道法師常說：「生命的福田，就在眾生之中。」唯有在眾生中，做好服務的工作，才是生生世世的福德、未來成佛的資糧。

因此，心道法師提到靈鷲山護法會的精神理念時，開示：「只要我們無限地奉獻、服務，我們的空間就會永無止盡的大。反之，我們空間就小了。我們能夠奉獻、服務人群社會，我們的空間與福報就大了。學佛是長長遠遠，尤其大家都已生根學佛。根茁壯要靠什麼呢？養分。慈

馬來西亞觀音薈供法會，年輕的金剛護法邁開步伐，走出法脈傳承的希望與未來。

悲、奉獻與服務就是養分,可以鞏固這份菩提心、鞏固這份善業。我們今天跟了佛陀、跟了三寶,就要鞏固這份慈悲心,鞏固這份的奉獻跟服務。」

在靈鷲山歷年來所有的弘法活動,禪修、法會、朝聖、生命關懷,不管是在報名接待、法會護持、香積飲食,都能看到護法委員以「服務、奉獻、覺悟」的精神,為信眾提供服務,接引眾生進入佛法殿堂。尤其每年農曆七月啟建的水陸空大法會,更是靈鷲山護法委員展現「生命服務生命、生命奉獻生命、生命覺悟生命」最具代表性的場合。在這萬人共修的場合,所有的工作人員、志工,以熱誠、耐心、貼心的服務態度,讓所有從海內外各地來此共修的功德主們,在此安心辦道;也讓水陸空大法會年年都能順利圓滿啟建,冥陽共利。

向水陸空大法會的志工們致敬

　　靈鷲山護法會服務、奉獻、覺悟生命的精神理念下，護法會展現出獨特活力。關懷獨居老人，是另一充分展現靈鷲山護法精神的慈善事業。負責這項業務的鄭阿善師姐認為，在關懷他人的同時，不僅長養了自己的悲心，也能從他人身上反觀自己，覺察真實人生，讓自己解脫。阿善師姐有感而發地說：「師父讓我們學菩薩道，也是讓我們去看待眾生的苦，除了生起悲心之外，也可以思考怎麼樣去關懷他人，如果悲心夠，做起事來就會很開心、獲益良多，就如師父的法語『生命奉獻生命，生命服務生命，生命覺悟生命』，社會上還有許多地方值得大家去做，即使是一句讚美，一聲問候，都能使人感受到雪中送炭般關懷的心。」

靈鷲山以「悲願、嚴謹、平等」的精神啟建水陸空大法會，
做好法會的每一個細節。

委員念誦百福心要

三、護法會的準則──百福心要

　　隨著委員、會員人數逐日增多，護法會在信眾的關懷與經營以及信眾生命與靈性的成長上，給予更多重視與擔負更大的責任。於是在一九九九年，靈鷲山護法會推動「百福專案」，革新組織與提升委員修行弘法能量，心道法師為令委員發心堅固，貼近靈鷲山理念，將其多年來修行、弘法的法教精華，並參考《華嚴經・普賢行願品》內的普賢十大願──禮敬諸佛、稱讚如來、廣修供養、懺悔業障、隨喜功德、請轉法輪、請佛住世、常隨佛學、恆順眾生、普皆迴向，親擬為十條心要，稱為「百福心要」（參見附表），作為委員生活、修行的準則。

　　其中，第一至五條主要精神在於勸發委員的菩提心，緊隨上師，精進無私地奉獻自我，屬於自利的部分；而第六至十條則為不退轉地行走於菩薩道上，運用佛法，傳播觀音菩薩「千處祈求千處應」、聞聲救苦的慈悲理念，成為淨化社會、重整倫理價值的一股力量，屬於利他的大愛部分。這十條百福心要，將靈鷲山護法委員從跟隨心道法師學佛，培養正見、正念，到發菩提心，誓願廣度眾生，接引大眾學佛，遍撒正覺的種子，成為一名佛法的大使。所以，百福心要就是委員從自利到利他，自利利他相互利益的生活與修行準則。

　　百福心要也是在做「連結」的工作，連結靈鷲山與社會，以及委員廣度眾生學佛的菩薩道，是生命與生命之間善循環的連結。心道法師表示：「**百福專案是在開拓更多的『緣』，這個緣就等於是福氣，能累積我們的福德，使我們福慧雙修。**」因此，為了使委員們能獲取正念、正見的佛法，百福專案也設計委員教育培訓課程，使委員們能獲得佛法智慧，福慧具足。感恩護法會的所有幹部與靈鷲山一路走來，歷經無數發心與付出；讓靈鷲山與幹部們能再度同步成長，迎接新世紀，做好佛法大使工作。

附表：百福心要

第一條：生命的真理	我們發願：生生世世信奉三寶、皈依三寶，對生命的原理最深的體認，轉變業力成為願力，坦蕩走向菩薩道。
第二條：上師相應	我們發願：跟隨上師願力，上應觀音菩薩的慈悲，為償多劫願，但願眾生得離苦，不為自己求安樂，供養諸佛與眾生。
第三條：無盡的奉獻	我們發願：全心奉獻，發無量心，救苦救難，不求回報，以善與歡喜，過喜捨的人生，讓自己解脫，給予別人快樂。
第四條：精進行	我們發願：精進六度萬行，跟隨上師、跟隨願力、發心菩薩，一直做、一直接觸、一直貫徹菩薩道，做了才有真正的果實。
第五條：無我	我們發願：處處無我放下，學習謙卑有禮，對人恭敬柔軟，推動社會溫馨與和諧。
第六條：從善心菩薩到不退轉菩薩	我們發願：直至成佛，永不退轉，從一念善心開始，無怨無悔地付出，學習智慧，消化煩惱，明瞭煩惱即菩提。
第七條：佛法的大使	我們發願：廣結善緣，做佛法大使，委員就是做結緣的工作，為佛法鋪路，為眾生造橋。
第八條：愛的團體	我們發願：尊重、包容、博愛，銜接人間的愛與和平，創一個有愛的社會、造一個成佛的淨土。
第九條：傳播希望、服務心靈	我們發願：傳播心靈福音，傳播地球永續環保，推廣福慧雙修，生生不息。護法會就是佛法傳播站，委員就是心靈服務員。
第十條：淨化社會	我們發願：用理性去關懷，用愛心去接觸，用耐心去服務，用毅力去貫徹，建立信心的人生，成就安定和諧的社會。

伍、啟建華嚴，回歸心靈聖山

　　成為靈鷲山的護法委員，就是一個學習尊重生命、愛護生命的生命教育過程。在這當中，心道法師與靈鷲山護法總會舉辦一系列的教育課程，例如幹部四季營、委員與儲備委員精進營，或是宗風共識營等課程，長養委員的慈悲心與願力，幫助委員成長，不僅接引會眾認識心道法師的精神與思想、認識靈鷲山所推動的各項志業，成為社會上學佛、成佛的力量，同時對自己的生命更有一深切的認識，知道如何讓自己的生命更美好、更具有價值。

二○一三年護法會幹部夏季營

護法會幹部四季營，委員齊心討論。　　　　　　　　　　委員歡欣、無私地分享學佛、弘法之經驗。

一、弘法修行──委員教育

　　二〇〇一年十一月九日，世界宗教博物館開館，心道法師感念護法信眾過去十餘年在籌建宗博館、啟建水陸空大法會等弘法度眾志業上的辛勞，認為護法信眾在長期奔波之下，難以兼顧自身修持。因此，心道法師特別注重委員的培養與訓練，希望以「生活即福田，工作即修行」的生活禪理念，提倡「修行弘法，弘法修行」，勉勵委員在生活中持誦〈大悲咒〉、精進禪修，由〈大悲咒〉與禪修入門，發菩提心、長養慈悲心，守護心靈，讓心靈回歸本來，植福修慧，成就佛道。

四季精進營，給予護法委員們吸收新知、學習成長　　有你真好！彼此鼓勵與打氣，給予委員們很大的力量。
的機會，學習更多的善巧來接引十方善信。

常存法師分享慈悲與禪之我見我聞

　　早在一九九九年靈鷲山推動百福專案起，靈鷲山護法會就非常注重儲委、委員的培訓、教育訓練課程之設計與落實。每年固定舉辦儲委精進營、委員精進營，讓委員能夠更深切地認識心道法師的弘化理念，以及靈鷲山舉辦的種種弘法事業，包括禪修、法會、朝聖、生命關懷等。近年，為讓委員能更深入瞭解靈鷲山「慈悲與禪」的宗風與「愛與和平」的願景，舉辦宗風共識營、宗風讀書會，帶領委員分享弘法過程中、生活中落實「慈悲與禪」宗風理念的經驗。希望藉由這些教育訓練課程的舉辦，能鞏固委

護法委員精進營

護法會幹部冬季營

員的菩提心，滋養委員對佛法的認識與體悟，以及深切認
識心道法師思想、靈鷲山志業等教育訓練，以接引社會大
眾接觸靈鷲山，學習佛法。

　　自二〇〇二年起，靈鷲山護法會開始每年舉辦幹部
四季營，邀請各護法會分區常務委員、幹部齊聚，對護法
會的未來發展，集思廣益，擬定策略方針，報告區會現有
發展，彼此交流、砥礪；並藉此良機，進行教育、培訓課
程，讓護法幹部深入佛法且認識、瞭解心道法師弘化度眾
的悲心願力，以及靈鷲山在修行、弘法上的成就與展望，
重新審視自身角色與工作。

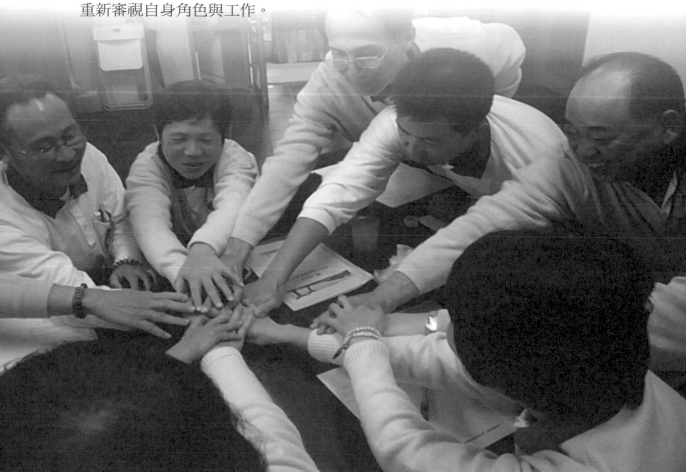

護法會幹部四季營，勉勵護法幹部用溫暖的慈悲心照耀整個世界，加油！

二、回歸心靈聖山

　　二〇〇五年，靈鷲山以建設「緣起成佛，悲心周遍」的華嚴聖山計畫，作為接續世界宗教博物館理念的另一利眾志業。華嚴聖山計畫，以落實世界宗教博物館「愛與和平」理念，將靈鷲山建設成華嚴聖境，啟動人人的菩提心，接引人間有緣菩薩，利益眾生，讓全世界的人都能領受菩薩道自利利他的慈悲與喜樂為宗旨。正如世界宗教博物館的建設，是造福氣；華嚴聖山的目的，也是為了造福，造福地方、造福人間、造福世界。心道法師說：「**華嚴聖山最重要就是人人可以成佛，每一個人只要有善心，把善心播種下去，推動每一個人讓他們對佛法有信心，就是華嚴世界。**」認為華嚴聖山與宗博館的精神是相互串連、彼此延伸的，最終目的都是為了落實「愛與和平，地球一家」的理念，這也是心道法師修行願力的體現。

　　華嚴聖山建設包括：聖山寺金佛園區、宗教文化教育園區，以及海外禪修中心等建設的短、中、長期計畫；除此以外，不僅僅是硬體上可見的物質建設，華嚴聖山建設也蘊含心靈建設的精神層面。心道法師期盼眾生能回歸自身心靈聖山，找到自身的靈山塔，成就佛道。心道法師期盼大眾看到的不只是靈鷲山這座華嚴聖山，更能看到聖山背後所蘊含的精神：即靈鷲山護法信眾在心道法師重視實修的感召下，二十餘年來護持靈鷲山、奉獻心力、學習與傳承佛法、自利利他，成為接引大眾離苦得樂的觀音菩薩化身。

　　為了讓弟子瞭解「華嚴聖山」的精神，以及重視自身修行，力行菩薩道的「慈悲與禪」宗風，心道法師悲憫眾

生苦多樂少，以及佛教的傳承，以「不忍眾生苦、不忍聖教衰」，於二○○六年發願閉關一年。心道法師說：「過去二十五年來，靈鷲山的弟子們為了追求社會能安定、人心能和諧，一直為籌建博物館努力、奉獻。靈鷲山的僧眾也一直在為建設宗博館四處奔波，難免生起煩惱。跟著我的四眾弟子們，也是這樣，十幾年來，一直在籌建博物館，忙到沒有自己的修持，忘了自己是個佛教徒。所以，現在我們要回到叢林的行持。這一定要開始，先從我自己開始做，回歸修行，使無論在家或出家的弟子，都能帶回到以修行為主的真心。從修行的根本，再創造弘法利生的能量。」

心道法師以一年的閉關，提醒靈鷲山的四眾弟子，弘法中不忘修行，「工作即修行」，「修行弘法，弘法修行」，唯有心靈的寧靜，才有廣大的願力，做利生的工作。靈鷲山的華嚴聖山計畫是為了讓正法永住，利益生生世世眾生的建設；其精神是「緣起成佛，悲心周遍」，讓所有接觸到聖山計畫的人，或是來到靈鷲山的人，都能緣起其學佛、成佛的種子，都能發菩提心願成佛，並讓這種子遍及社會、世界。所以，華嚴聖山建設是心道法師推動「愛與和平」願景的具體計畫，是在做心靈建設的工作，讓所有參與其中的護法善信，都能效法觀音菩薩，因悲憫眾生的苦，發大菩提心，行菩薩道。而為了護持心道法師救度眾生的大願，以及實踐「緣起成佛，悲心周遍」的華嚴精神，靈鷲山的四眾弟子也發願以精進修行、回歸心靈聖山，觀照自身，推動禪修與持誦〈大悲咒〉等自身修持願力，除了繼續護持心道法師與靈鷲山的弘法大願，也將繼續做好傳承佛法、利益眾生的護法會使命。

陸、實踐宗風，續佛慧命

　　靈鷲山護法會自一九九〇年成立至今，已有二十三年，這二十三年來，靈鷲山護法會一路護持心道法師與靈鷲山志業，服務、奉獻生命，獲得社會的肯定與重視。在這一路的護持中，護法委員們不僅生命得到佛法的滋潤，以及在正面、積極、樂觀、愛心等生活態度的指引下，以正念、正見來轉換煩惱，使生命獲得美好的果實。

　　「慈悲與禪」是靈鷲山宗風，對於眾生的苦，靈鷲山護法會以觀音菩薩的慈悲心，遍撒楊枝淨水，「大悲周遍」，讓正覺種子在眾生心中萌芽、茁壯，「心」才是重點，心道法師說：「**靈鷲山就是『心宗』，就是以心為宗，離開心就了不可得，就是禪。**」未來靈鷲山仍將從「心」下手，讓寧靜、和諧的心，逐步改造社會的不安、紛擾。

護法會二十年心道法師與全國委員大合照

一、具足福慧資糧、實踐「慈悲與禪」

靈鷲山護法會成立以來，一路護持心道法師悲心大願，從開道場、建宗博、造聖山，啟建水陸空大法會、舉辦萬人禪修、投入賑災工作、推展生命關懷、全國普仁獎學金的頒贈與建造華嚴聖山等，以及支持心道法師在國際上推動宗教交流與回佛對談，所做一切，簡言之，皆為展現靈鷲山「慈悲與禪」的宗風精神。

二〇〇八年十一月，靈鷲山在全山共識會議中，確立靈鷲山多年來舉辦禪修、法會、朝聖、生命關懷等弘法活動，以及推動「愛與和平」理念、創建世界宗教博物館，皆以「慈悲與禪」的宗風接引社會大眾，接觸佛法、學習佛法。為讓宗風特質更突顯，靈鷲山護法會於二〇一〇年起舉辦多場的宗風共識營、宗風讀書會。藉由見證分享的方式，讓委員們彼此分享日常生活見聞中實踐宗風所得諸

委員排字——護法20圖騰

多感動人心、足為典範的生命故事,藉以重燃委員的初發善心。誠如一位師兄所說:「幫靈鷲山做事,衡量結果不是看數字,而是看傳達到信眾心裡面的深度。感動才是最大的績效。」

委員彼此分享在弘法、修行過程中的甘苦經驗,掌握「慈悲與禪」的內涵,凝聚團體共同力量,將百福心要具體落實在日常生活中,不忘心道法師所提「生活即福田,工作即修行」精神,從生活作息中修行、自覺,弘法利他,使心靈獲得成長,看到彼此的付出與用心,相互感化,加強組織凝聚力與向心力。

靈鷲山護法會所做的一切,就是貼近人心的需要,去除他們的痛苦,給予他們生命的快樂與希望。二〇〇五年時,當時社會瀰漫一股憂鬱的氣息,自殺輕生的新聞不斷,為了讓社會找回希望,靈鷲山於全臺各地舉辦「喜歡

生命」座談，邀請學者、專家、心理醫師與心道法師對談，為臺灣民眾的心靈健康把脈，希望民眾能從喜歡生命、尊重生命、珍惜生命的思維中，尋找生命的可能，迎接生命未來的光明。「正面、積極、樂觀」的生命態度，正是心道法師與護法會給紛擾社會的一帖良藥；而唯有「愛」一切的眾生，才能體認眾生的苦，瞭悟生命共同體的真義，才能讓自己的心量廣大，發無上菩提心，精進勤行菩薩道。然而，這些都需要「禪」來發動、來鞏固。心道法師說：「禪就是守護，守護慈悲，守護慈悲心。守護帶來安定，如果沒有守護，不曉得我是誰、我要到哪裡去，找不到安全感。所以，我們要用禪守護我們的真心，在禪的觀照下覺醒，就能超越跟離苦。」

委員排字——護法20排字特寫（二〇一一宗風論壇）

二、與佛有約，續佛慧命

　　作為靈鷲山的護法委員，除了自己得到好處，也要讓大眾得到好處，效法觀音菩薩「眾生度盡，方證菩提」的願力，發成佛的菩提心，行菩薩道，利益一切眾生，才能環扣生生世世的生命，才會有善的循環。因此，在弘法與修行上落實「慈悲與禪」的宗風，日日精勤持誦〈大悲咒〉、禪修以及隨時、隨處寧靜紛擾的心。

　　再來，靈鷲山的信眾要做好佛法的傳承，發心當委員、招募會員、提報儲委，就是做好接班、做好傳承。心道法師認為：「師父的傳承裡面有一個叫做發願成佛、發心成佛，大家只要相信因果，就會相信菩提心，相信未來可以成佛。在這當中，我們必須要有承擔、負責、延續的精神。所以，我們怎麼傳承下去，就要大家踴躍參與護法會幹部的銜接，傳承佛法利他的工作。」期勉護法會的組織、成員都能秉持

臺中「與師有約」

臺北「與師有約」

桃園「與師有約」

高雄「與師有約」

靈鷲人的心靈守則：正面、積極、樂觀、愛心、謙卑、毅力、承擔、負責的態度，做好傳承佛法工作，朝護法會組織制度化、永續經營與推廣佛法、修行邁進。

　　為了再次地讓委員在宗博館建館後，能更深地瞭解心道法師的弘法思想，並做好佛法的傳承；以及肯定開山以來護法委員行於菩薩道上永不退轉的願心，激發儲委度眾的菩提心，燃起委員的熱情與活力，解答委員心中的疑惑。自二〇一一年十月起，心道法師不辭辛勞，於全臺各護法區會進行十一場的「佛法大使——與師有約」座談活動，諸多委

新北A「與師有約」

新北B「與師有約」　　　　　　　　　　　　　新北C「與師有約」

員、儲委等趁此機會，提出日常生活修行所遇困難或護法分會發展所遇難處、疑點，由心道法師一一解惑，重新激發護法委員弘法的熱情與活力，並做好佛法的傳承。

在世界宗教博物館開館以後，靈鷲山的護法委員也將一如籌建宗博館時的奮勇精進一般，持續地護持心道法師、推動華嚴聖山建設，並於生活中落實「慈悲與禪」的宗風。心道法師在座談會上說：「博物館的工作，其實就是在蓋福氣，福氣蓋得完？福氣永遠無法蓋完。以往，我們為了福氣，蓋了世界宗教博物館，如今，我們要蓋無盡的福氣。所以我們要發願，募會員、收一百元、勸募水陸、推動聖山建設，這些都是為了讓眾生有福氣，不只是我們好，也要大家都好。」

此外，跟隨心道法師學佛，不應該只是個人的事。佛法是自利利他的事業，不只讓個人的生命變得更為美好、圓滿，也期待激發起社會上的所有人的菩提心、善心、愛心，讓這個世界也更為美好、圓滿。千里之行始於足下，家庭是環扣個人與社會的中介。因此，靈鷲山近年來亦開始推展佛化家庭，藉由家庭發生的婚喪喜慶、生老病死等生命的歷程，提供佛法的協助，讓一家人皆能沐浴在佛法的光明中；也藉由一家人的相互砥礪，更能勇猛地精進，讓佛法永續地傳承。

嘉義「與師有約」

蘭陽「與師有約」

　　「傳承諸佛法，利益一切眾」是靈鷲山成立的宗旨，對四眾弟子的教育，才是佛法傳承、「正法永住」的保障。為了長養護法信眾的菩提心，靈鷲山開辦三乘佛學院、慧命成長學院，開設佛法與世學課程，讓學員深入三乘經藏之中，獲得正見、正覺的生命。此外，護法會的儲委、委員精進營、幹部四季營、宗風共識營、宗風讀書會等等，這些課程不僅讓委員對佛法能有更深入的體認，也對委員的生命產生善的變化，更能以正面、積極、樂觀的生命態度面對人生的挑戰。除此之外，佛法的傳承也在此中滋長。未來，靈鷲山計畫開辦一所多元且整合性的生命和平大學，相信對佛法的傳承，以及靈鷲山與護法會的永續，發揮領頭的效果。

臺南「與師有約」

基隆「與師有約」

柒、結語

　　心道法師說：「要記得，我們要讓眾生有造福的機會，我們才會有福氣。眾生多受貪瞋癡習氣影響，多煩惱、苦惱，我們這群佛法大使就是要引導他們離開貪瞋癡，做慈悲、智慧的事情。從這裡面，我們可以獲得未來生生世世正覺生命的連續。正覺從正見開始，有了正見，我們就知道生命應該往哪裡走，正覺的生命要從覺悟裡面、從奉獻裡面走出來。」

　　心道法師這句話，點出靈鷲山護法會一路走來的堅持與精神。靈鷲山護法會成立之初即緣於心道法師希冀藉由這股社會清流力量，播撒正覺的種子，推動佛法教育，讓眾生皆能廣植福報，學佛成佛。

　　靈鷲山護法會成立以來，一直以「生命服務生命、生命奉獻生命、生命覺悟生命」的精神，護持心道法師與靈鷲山，啟發眾生的菩提心。心道法師透過自身修行的經歷以及願眾生離苦得樂的弘化理念，三十年來，以「生活即福田，工作即修行」的生活禪，接引社會大眾接觸佛法、學習佛法，擁有正見、正覺的生命；推動禪修、法會、朝聖、生命關懷等弘法實踐，啟發大眾服務、奉獻的生命價值觀。

　　靈鷲山護法會在走過二十三年的今日，依舊不忘心道法師的初發心與靈鷲山慈悲與禪的宗風理念，繼續朝著「立禪風，傳心燈」的修行弘法並重道路前進。未來，靈鷲山護法會的委員與信眾們會依舊奉行此道，續以服務、奉獻精神傳承正覺、正見的佛法。

國家圖書館出版品預行編目(CIP)資料

靈鷲山30週年山誌. 護法弘化篇 / 靈鷲山教育院彙編
-- 初版.-- 新北市：靈鷲山般若出版, 2013.07
面；　公分
ISBN 978-986-6324-55-0(精裝)
1.靈鷲山佛教教團　2.佛教團體
220.6　　　　　　　　　　　　　　102011353

靈鷲山30週年山誌/護法弘化篇

開山和尚 / 釋心道

總策劃 / 釋了意

彙編 / 靈鷲山教育院

圖片提供 / 靈鷲山攝影志工

發行人 / 歐陽慕親

出版發行 / 財團法人靈鷲山般若文教基金會附設出版社

地址 / 23444新北市永和區保生路2號21樓

電話 / （02）2232-1008

傳真 / （02）2232-1010

網址 / www.093books.com.tw

讀者信箱 / books@ljm.org.tw

法律顧問 / 永然聯合法律事務所

印刷 / 皇城廣告印刷事業股份有限公司

初版一刷 / 2013年7月

定價 / 新臺幣1800元（一套六冊）

ISBN / 978-986-6324-55-0（精裝）